Impressum
Verlag: BABADADA GmbH, Nedderfeld 112 , 22529 Hamburg
Geschäftsführer / Verlagsleitung: Harald Hof
Druck: Books on Demand GmbH, In de Tarpen 42, 22848 Norderstedt

Imprint
Publisher: BABADADA GmbH, Nedderfeld 112 , 22529 Hamburg, Germany
Managing Director / Publishing direction: Harald Hof
Print: Books on Demand GmbH, In de Tarpen 42, 22848 Norderstedt, Germany

xue xiao

school

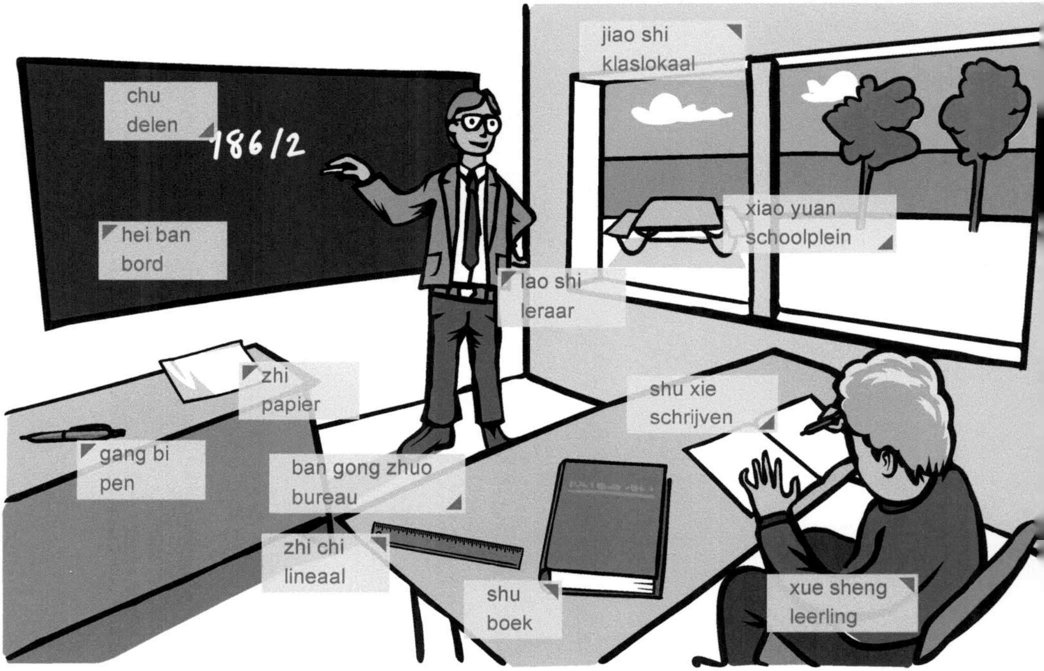
jiao shi
klaslokaal
chu
delen
186/2
hei ban
bord
xiao yuan
schoolplein
lao shi
leraar
zhi
papier
shu xie
schrijven
gang bi
pen
ban gong zhuo
bureau
zhi chi
lineaal
shu
boek
xue sheng
leerling

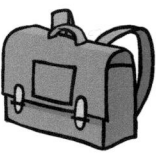

shu bao

schooltas

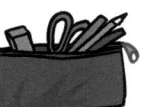

qian bi he

etui

qian bi

potlood

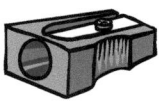

juan bi dao

puntenslijper

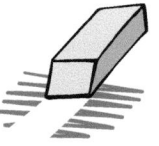

xiang pi ca

gum

hua ban

schetsblok

tu hua

tekening

hua bi

penseel

yan liao he

verfdoos

jian dao

schaar

jiao shui

lijm

lian xi ce

schrift

jia ting zuo ye

huiswerk

shu zi

getal

jia

optellen

jian

aftrekken

cheng

vermenigvuldigen

ji suan

rekenen

zi mu

letter

zi mu biao

alfabet

zi

woord

ke wen

tekst

du

lezen

fen bi

krijt

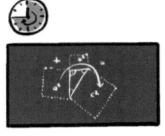

shang ke

les

deng ji

klassenboek

kao shi

examen

zheng shu

diploma

xiao fu

schooluniform

jiao yu

opleiding

bai ke quan shu

encyclopedie

da xue

universiteit

xian wei jing

microscoop

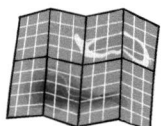

di tu

kaart

fei zhi kuang

prullenmand

lü xing
reis

jiu dian
hotel
Grand
qing nian lü xing she
hostel
ROOMS
wai bi dui huan chu
wisselkantoor
shou ti xiang
koffer
qi che
auto

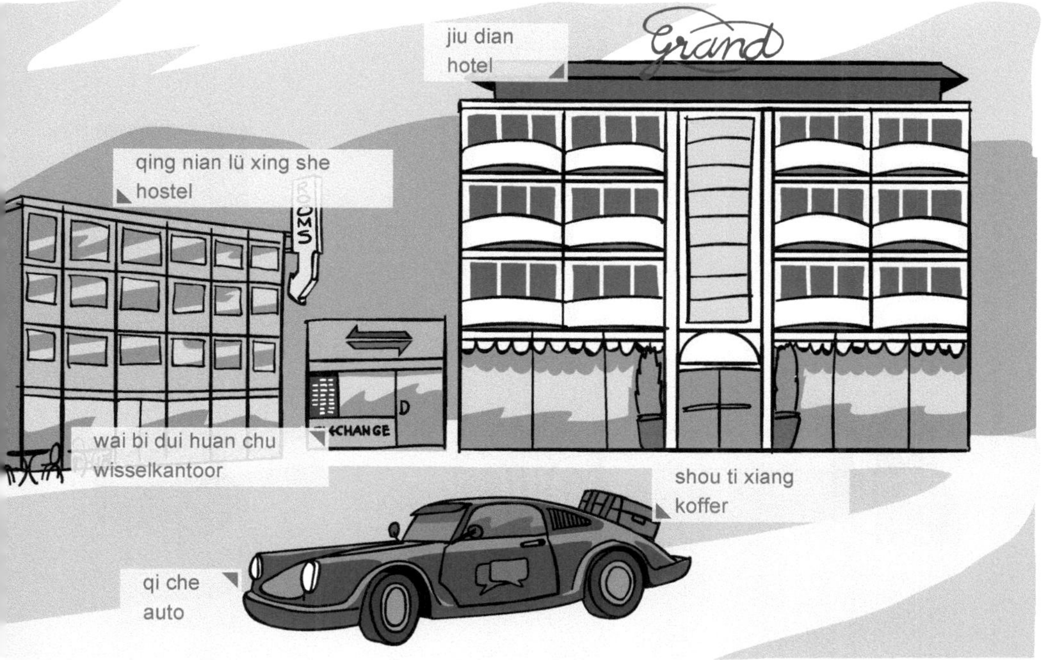

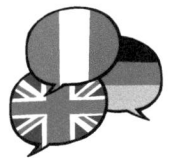

yu yan

taal

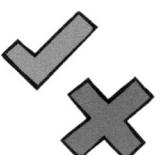

shi/fou

ja / nee

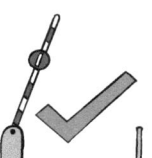

hao de

oké

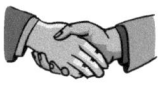

nin hao

Hallo!

fan yi yuan

tolk

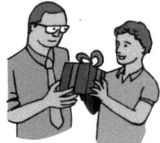

xie xie

Bedankt.

......duo shao qian?

Wat kost ...?

wo bu ming bai

Ik begrijp het niet.

wen ti

probleem

wan shang hao!

Goedenavond!

zao shang hao!

Goedemorgen!

wan an!

Goedenacht!

zai jian

Tot ziens!

fang xiang

richting

xing li

bagage

bao

tas

shuang jian bao

rugzak

ke ren

gast

fang jian

kamer

shui dai

slaapzak

zhang peng

tent

lü you xin xi

VVV-kantoor

hai tan

strand

xin yong ka

creditkaart

zao can

ontbijt

wu can

lunch

wan can

diner

piao

kaartje

dian ti

lift

you piao

postzegel

bian jie

grens

hai guan

douane

da shi guan

ambassade

qian zheng

visum

hu zhao

paspoort

lü xing - reis

jiao tong yun shu

transport

fei ji
vliegtuig

chuan
schip

xiao fang che
brandweerwagen

gong jiao ch
bus

ka che
vrachtauto

qi ting
motorboot

zi xing che
fiets

qi che
auto

bai du chuan

veerboot

xiao chuan

boot

mo tuo che

motorfiets

jing che

politiewagen

sai che

raceauto

zu che

huurauto

pin che

carsharing

tuo che

takelwagen

la ji che

vuilniswagen

fa dong ji

motor

qi you

benzine

jia you zhan

benzinepomp

jiao tong biao zhi

verkeersbord

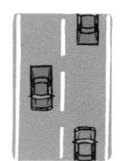

jiao tong

verkeer

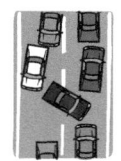

jiao tong du sai

file

ting che chang

parkeerplaats

huo che zhan

station

gui dao

rails

huo che

trein

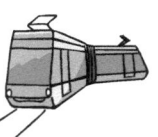

dian che

tram

huo che

wagon

zhi sheng ji

helikopter

ji chang

luchthaven

ta

toren

cheng ke

passagier

ji zhuang xiang

container

zhi ban xiang

verhuisdoos

shou tui che

kar

lan zi

mand

qi fei/jiang luo

opstijgen / landen

cheng shi

stad

cun zhuang

dorp

shi zhong xin

stadscentrum

fang zi

huis

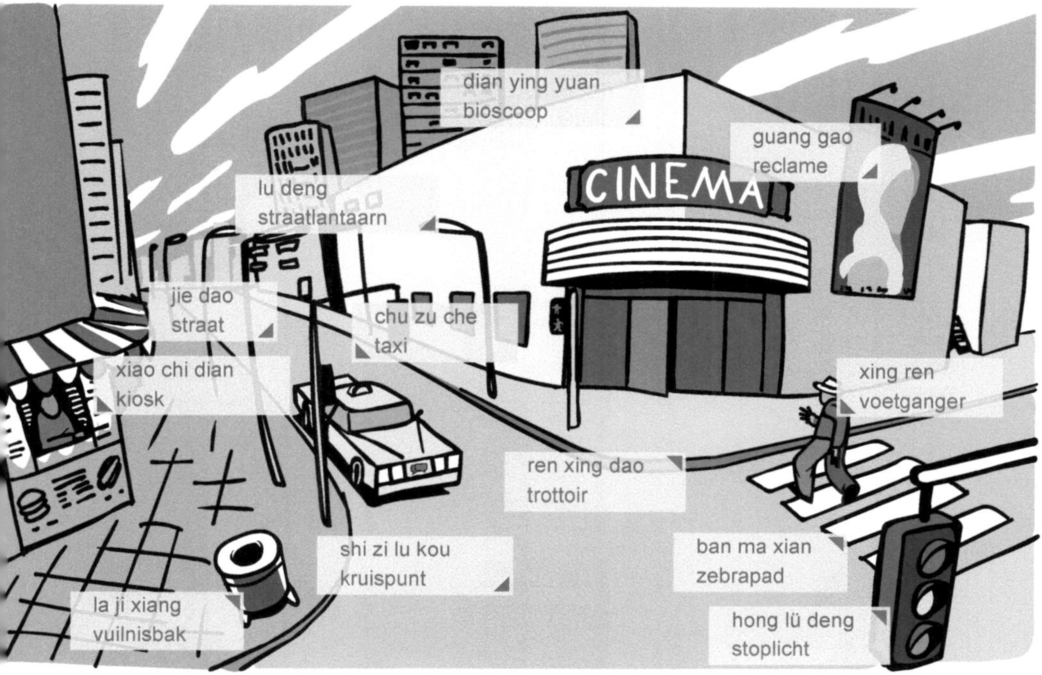

dian ying yuan
bioscoop

guang gao
reclame

lu deng
straatlantaarn

CINEMA

jie dao
straat

chu zu che
taxi

xing ren
voetganger

xiao chi dian
kiosk

ren xing dao
trottoir

shi zi lu kou
kruispunt

ban ma xian
zebrapad

la ji xiang
vuilnisbak

hong lü deng
stoplicht

xiao wu

hut

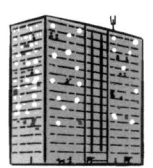

gong yu

appartement

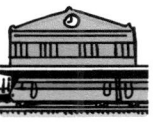

huo che zhan

station

shi zheng ting

stadhuis

bo wu guan

museum

xue xiao

school

da xue

universiteit

yin hang

bank

yi yuan

ziekenhuis

jiu dian

hotel

yao fang

apotheek

ban gong shi

kantoor

shu dian

boekenwinkel

shang dian

winkel

hua dian

bloemenwinkel

chao shi

supermarkt

shi chang

markt

bai huo shang dian

warenhuis

yu dian

visboer

gou wu zhong xin

winkelcentrum

hai gang

haven

gong yuan

park

chang deng

bank

qiao

brug

lou ti

trap

di tie

metro

sui dao

tunnel

gong jiao che zhan

bushalte

jiu ba

bar

can guan

restaurant

you tong

brievenbus

lu biao

straatnaambord

ting che ji shi qi

parkeermeter

dong wu yuan

dierentuin

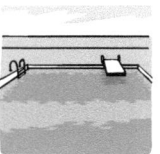

you yong guan

zwembad

qing zhen si

moskee

nong chang
boerderij

wu ran
vervuiling

mu di
begraafplaats

jiao tang
kerk

cao chang
speelplaats

si miao
tempel

di xing
landschap

shu ye
blad

zhi shi pai
wegwijzer

lu
weg

cao di
weide

shi tou
steen

tu bu lü xing zhe
wandelaar

shu
boom

he
rivier

cao
gras

hua
bloem

xia gu

vallei

shan

berg

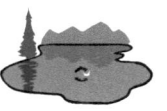

hu

meer

sen lin

bos

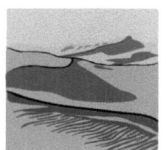

sha mo

woestijn

huo shan

vulkaan

cheng bao

kasteel

cai hong

regenboog

mo gu

paddenstoel

zong lü shu

palmboom

wen zi

mug

cang ying

vlieg

ma yi

mier

mi feng

bij

zhi zhu

spin

jia chong

kever

qing wa

kikker

song shu

eekhoorn

ci wei

egel

ye tu

haas

mao tou ying

uil

niao

vogel

tian e

zwaan

ye zhu

wild zwijn

lu

hert

mi lu

eland

shui ba

stuwdam

feng li fa dian ji

windmolen

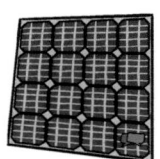

tai yang neng dian chi ban

zonnepaneel

qi hou

klimaat

can guan
restaurant

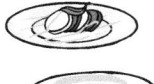

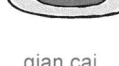

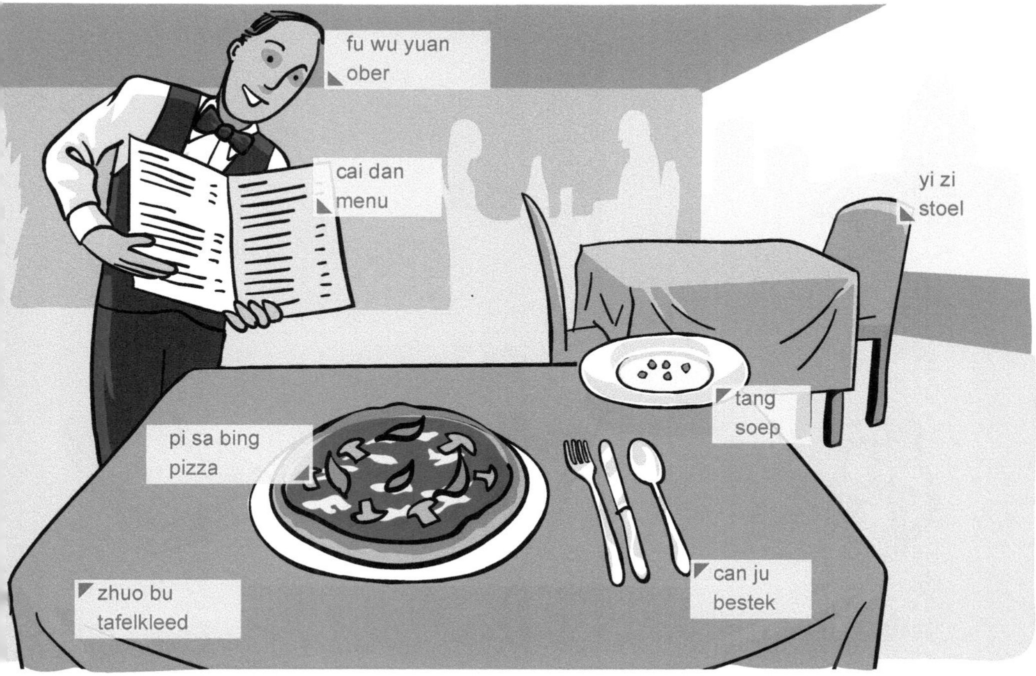

fu wu yuan
ober
cai dan
menu
yi zi
stoel
tang
soep
pi sa bing
pizza
can ju
bestek
zhuo bu
tafelkleed

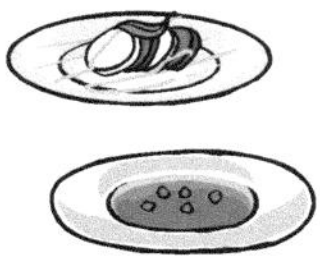

qian cai

voorgerecht

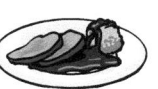

zhu cai

hoofdgerecht

tian dian

toetje

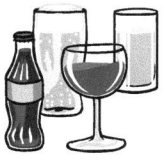

yin liao

dranken

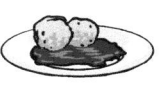

shi wu

eten

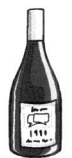

ping zi

fles

kuai can

fastfood

jie bian xiao chi

eetkraampje

cha hu

theepot

tang he

suikerpot

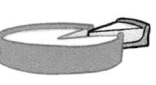

yi fen fan cai

portie

yi shi ka fei ji

espressomachine

gao jiao yi

kinderstoel

zhang dan

rekening

tuo pan

dienblad

dao

mes

can cha

vork

shao zi

lepel

cha chi

theelepel

can jin

servet

bo li bei

glas

can guan - restaurant

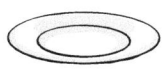

die zi

bord

tang pan

soepbord

die zi

schotel

jiang

saus

yan ping

zoutvaatje

hu jiao mo

pepermolen

cu

azijn

shi yong you

olie

tiao wei liao

kruiden

fan qie jiang

ketchup

jie mo

mosterd

dan huang jiang

mayonaise

chao shi

supermarkt

te jia
aanbieding
FOR
gu ke
klant
ru zhi pin
zuivelproducten
shui guo
fruit
gou wu che
winkelwagen

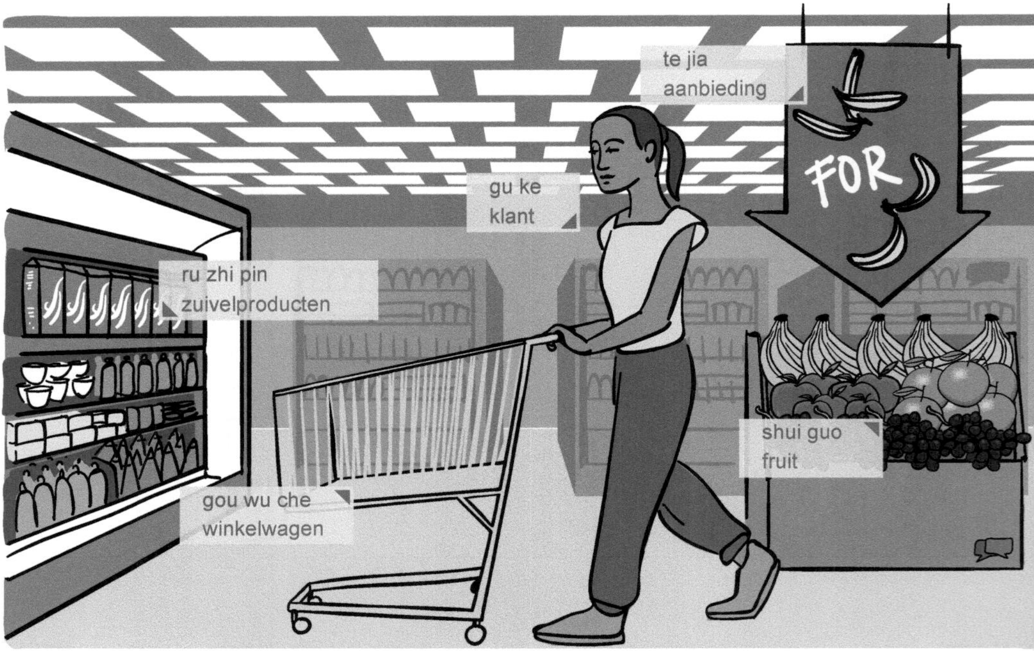

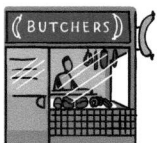

BUTCHERS

rou pu

slager

BAKERY

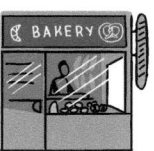

mian bao fang

bakkerij

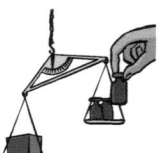

cheng zhong

wegen

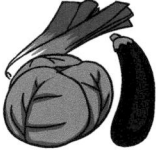

shu cai

groente

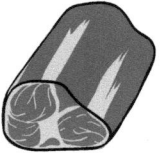

rou

vlees

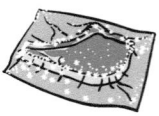

leng dong shi pin

diepvriesproducten

leng pan

vleeswaren

guan tou shi pin

conserven

xi yi fen

wasmiddel

tian shi

snoepgoed

ri yong pin

huishoudelijke artikelen

qing jie yong pin

schoonmaakmiddel

xiao shou yuan

verkoopster

shou yin ji

kassa

shou yin yuan

kassier

gou wu qing dan

boodschappenlijstje

kai fang shi jian

openingstijden

qian bao

portefeuille

xin yong ka

creditkaart

dai zi

tas

su liao dai

plastic zak

shui

water

guo zhi

sap

niu nai

melk

ke le

cola

hong jiu

wijn

pi jiu

bier

jiu

alcohol

ke ke

chocolademelk

cha

thee

ka fei

koffie

yi shi nong suo ka fei

espresso

ka bu qi nuo

cappuccino

xiang jiao

banaan

ping guo

appel

cheng zi

sinaasappel

xi gua

watermeloen

ning meng

citroen

hu luo bo

wortel

da suan

knoflook

zhu zi

bamboe

yang cong

ui

mo gu

paddenstoel

jian guo

noten

mian tiao

pasta

yi da li mian tiao

spaghetti

mi fan

rijst

sha la

salade

shu tiao

friet

zha tu dou

gebakken aardappelen

pi sa bing

pizza

han bao bao

hamburger

san ming zhi

sandwich

zha zhu pai

schnitzel

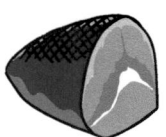

huo tui

ham

sa la mi

salami

xiang chang

worst

ji rou

kip

kao rou

gebraad

yu

vis

yan mai pian

havermout

mu zi li

muesli

yu mi pian

cornflakes

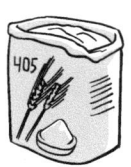

mian fen

meel

yang jiao mian bao

croissant

mian bao juan

broodjes

mian bao

brood

kao mian bao

toast

bing gan

koekjes

huang you

boter

ning ru

kwark

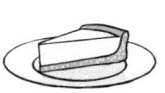

dan gao

taart

dan

ei

jian dan

gebakken ei

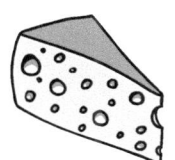

nai lao

kaas

bing ji lin

ijs

tang

suiker

feng mi

honing

guo jiang

jam

qiao ke li jiang

chocoladepasta

ga li fan

kerrie

nong chang
boerderij

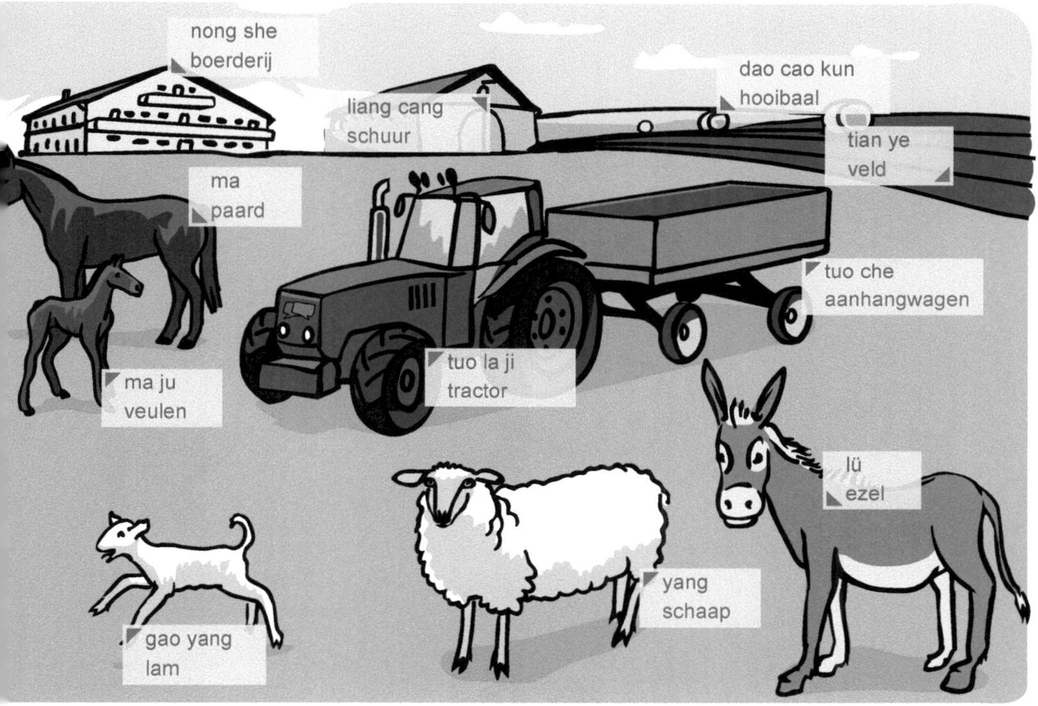
nong she
boerderij
liang cang
schuur
dao cao kun
hooibaal
tian ye
veld
ma
paard
tuo che
aanhangwagen
tuo la ji
tractor
ma ju
veulen
lü
ezel
yang
schaap
gao yang
lam

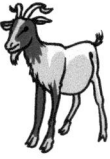

shan yang

geit

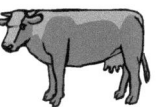

nai niu

koe

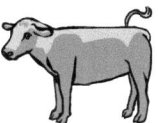

niu du

kalf

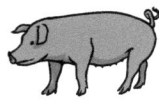

zhu

varken

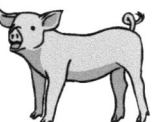

xiao zhu

big

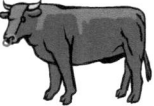

gong niu

stier

e

gans

ya

eend

xiao ji

kuiken

mu ji

kip

gong ji

haan

shu

rat

mao

kat

lao shu

muis

niu

os

gou

hond

gou wu

hondenhok

hua yuan jiao shui ruan
guan
tuinslang

sa shui hu

gieter

chang bing da lian dao

zeis

li

ploeg

lian dao

sikkel

chu tou

schoffel

chang bing cao pa

hooivork

fu tou

bijl

du lun shou tui che

kruiwagen

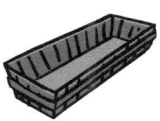

si liao cao

trog

niu nai guan

melkbus

ma bu dai

zak

zha lan

hek

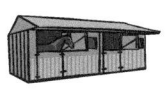

ma jiu

stal

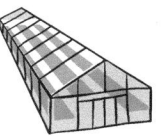

wen shi

broeikas

tu rang

grond

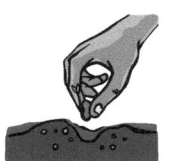

zhong zi

zaad

fei liao

mest

lian he shou ge ji

maaidorser

shou ge

oogsten

shou ge

oogst

shan yao

yam

xiao mai

tarwe

da dou

soja

tu dou

aardappel

yu mi

maïs

you cai zi

koolzaad

guo shu

fruitboom

shu shu

maniok

gu wu

granen

fang zi
huis

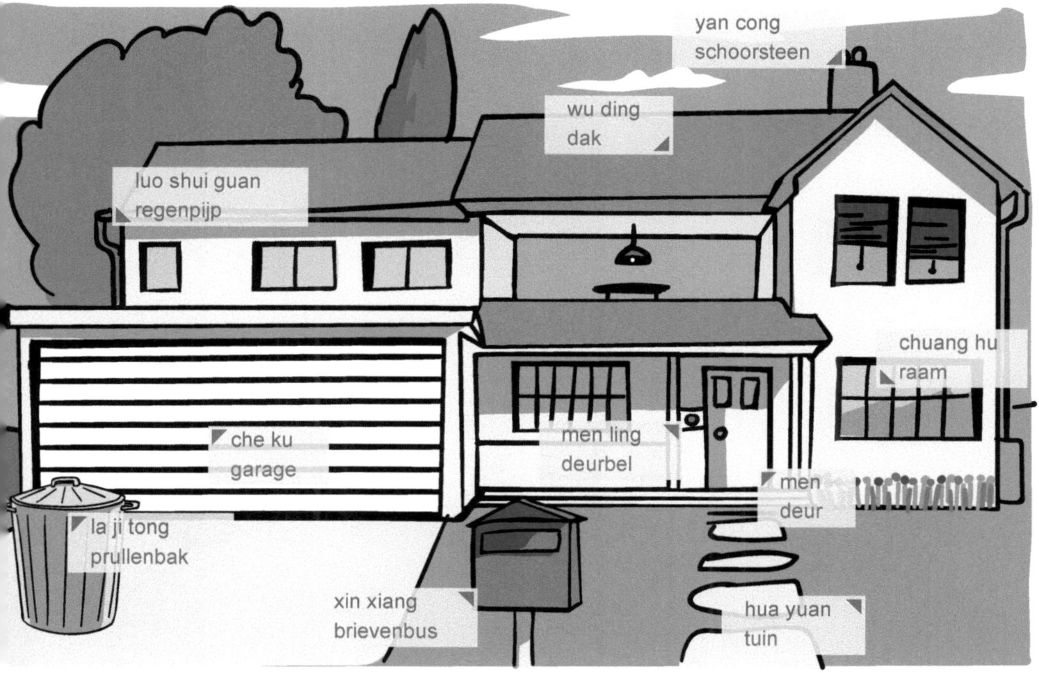
yan cong
schoorsteen
wu ding
dak
luo shui guan
regenpijp
chuang hu
raam
che ku
garage
men ling
deurbel
men
deur
la ji tong
prullenbak
xin xiang
brievenbus
hua yuan
tuin

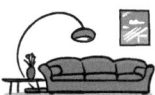

ke ting
woonkamer

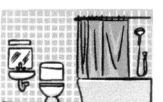

yu shi
badkamer

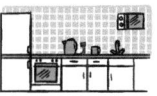

chu fang
keuken

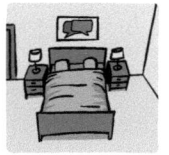

wo shi
slaapkamer

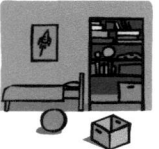

er tong fang
kinderkamer

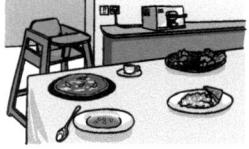

can ting
eetkamer

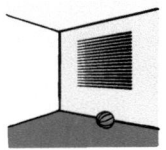

di ban

vloer

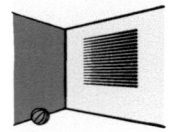

qiang bi

muur

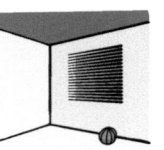

diao ding

plafond

di jiao

kelder

sang na

sauna

yang tai

balkon

lu tai

terras

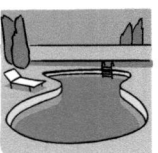

you yong chi

zwembad

ge cao ji

grasmaaier

bei dan

laken

chuang zhao

bedsprei

chuang

bed

sao zhou

bezem

shui tong

emmer

kai guan

schakelaar

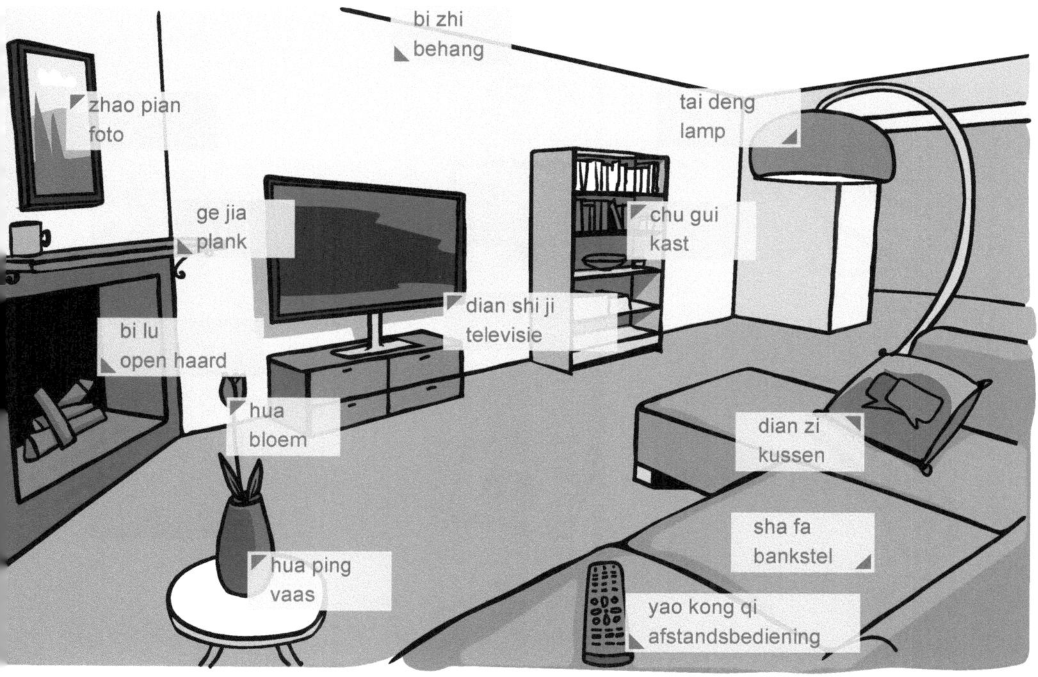

bi zhi
behang

zhao pian
foto

tai deng
lamp

ge jia
plank

chu gui
kast

bi lu
open haard

dian shi ji
televisie

hua
bloem

dian zi
kussen

sha fa
bankstel

hua ping
vaas

yao kong qi
afstandsbediening

di tan
tapijt

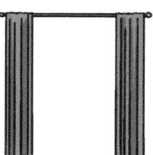

chuang lian
gordijn

can zhuo
tafel

yi zi
stoel

yao yi
schommelstoel

fu shou yi
stoel

shu

boek

tan zi

deken

zhuang shi pin

decoratie

mu chai

brandhout

dian ying

film

gao bao zhen yin xiang

stereo-installatie

yao shi

sleutel

bao zhi

krant

you hua

schilderij

hai bao

poster

shou yin ji

radio

bi ji ben

kladblok

xi chen qi

stofzuiger

xian ren zhang

cactus

la zhu

kaars

chu fang
keuken

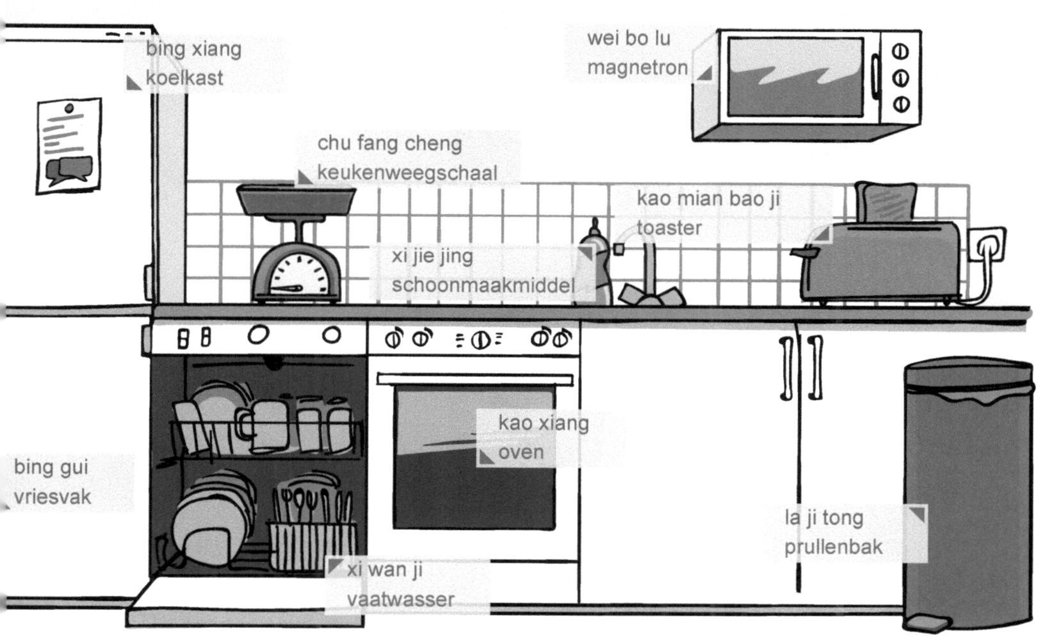
bing xiang
koelkast
wei bo lu
magnetron
chu fang cheng
keukenweegschaal
kao mian bao ji
toaster
xi jie jing
schoonmaakmiddel
kao xiang
oven
bing gui
vriesvak
la ji tong
prullenbak
xi wan ji
vaatwasser

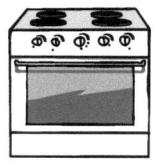

chui ju

fornuis

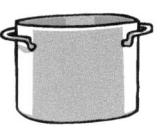

guo

pan

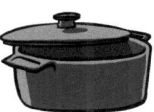

zhu tie guo

gietijzeren pan

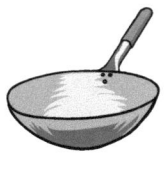

sha guo

wok / kadai

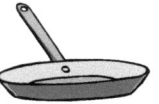

ping di guo

koekenpan

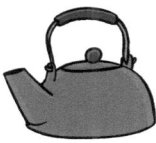

shui hu

ketel

zheng guo

stoomkoker

kao pan

bakplaat

tao ci guo

servies

ma ke bei

beker

wan

kom

kuai zi

eetstokjes

chang bing shao

soeplepel

chan zi

spatel

jiao ban qi

garde

lü wang

vergiet

shai zi

zeef

mo sui ji

rasp

yan bo

vijzel

shao kao

barbecue

ming huo

vuurhaard

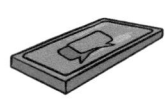

cai ban

snijplank

gan mian zhang

deegroller

kai ping qi

kurkentrekker

guan zi

blik

kai ping qi

blikopener

ge re shou tao

pannenlap

shui cao

wasbak

shua zi

borstel

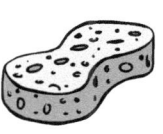

hai mian

spons

jiao ban ji

blender

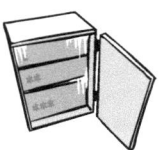

leng cang xiang

vriezer

nai ping

babyflesje

shui long tou

kraan

yu shi
badkamer

gong nuan she bei
verwarming
lin yu
douche
mao jin
handdoek
yu lian
douchegordijn
pao mo yu
bubbelbad
yu gang
bad
bo li bei
glas
xi yi ji
wasmachine
shui long tou
kraan
ci zhuan
tegels
bian hu
potje
shui cao
wasbak

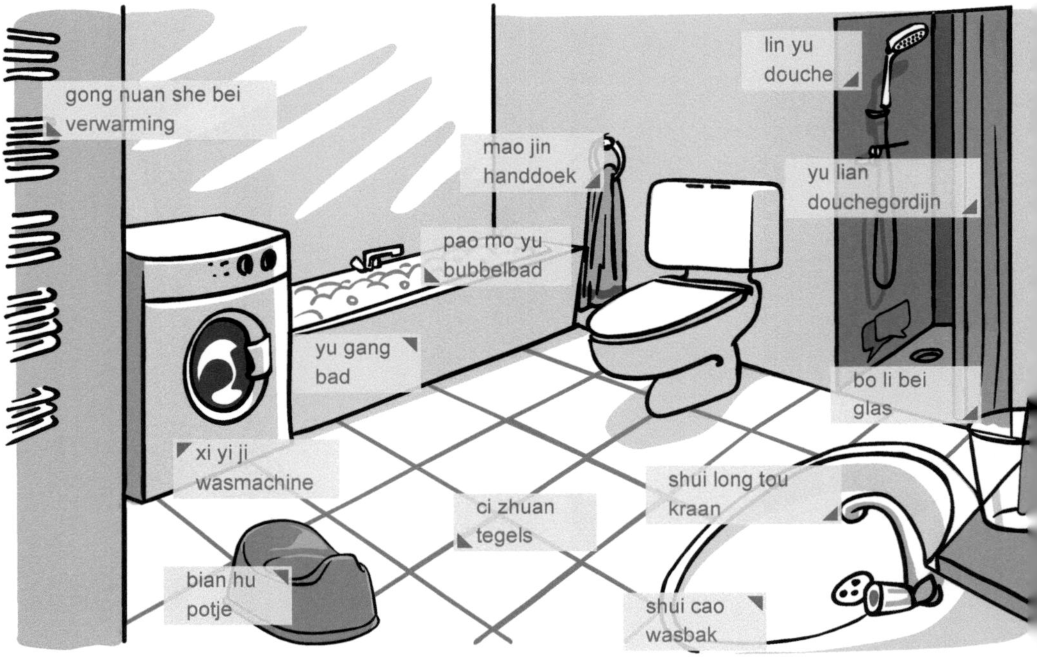

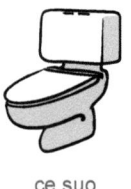

ce suo

toilet

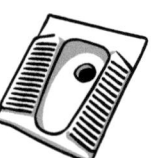

dun bian qi

hurktoilet

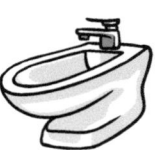

zuo yu qi

bidet

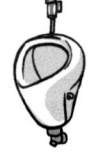

xiao bian chi

urinoir

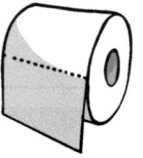

ce zhi

toiletpapier

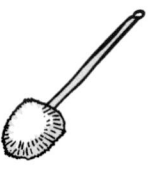

ma tong shua

toiletborstel

ya shua

tandenborstel

ya gao

tandpasta

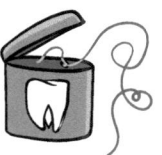

ya xian

flosdraad

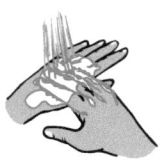

xi

wassen

shou chi shi pen lin tou

handdouche

chong xi qi

toiletdouche

xi lian pen

waskom

ca bei shua

rugborstel

fei zao

zeep

mu yu lu

douchegel

xi fa shui

shampoo

fa lan rong

washanje

pai shui

afvoer

ru shuang

creme

chu chou ji

deodorant

jing zi

spiegel

shou jing

make-upspiegel

ti xu dao

scheermes

ti xu pao mo

scheerschuim

xu hou shui

aftershave

shu zi

kam

shua zi

borstel

chui feng ji

haardroger

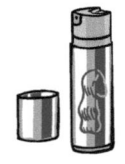

pen fa ding xing ji

haarspray

hua zhuang pin

make-up

chun gao

lippenstift

zhi jia you

nagellak

hua zhuang mian

watten

zhi jia jian

nagelschaartje

xiang shui

parfum

xi shu bao
toilettas

deng zi
kruk

ji zhong cheng
weegschaal

yu pao
badjas

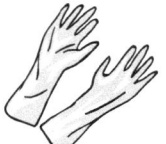

xiang jiao shou tao
rubber handschoenen

wei sheng mian tiao
tampon

wei sheng jin
maandverband

hua xue ce suo
chemisch toilet

er tong fang

kinderkamer

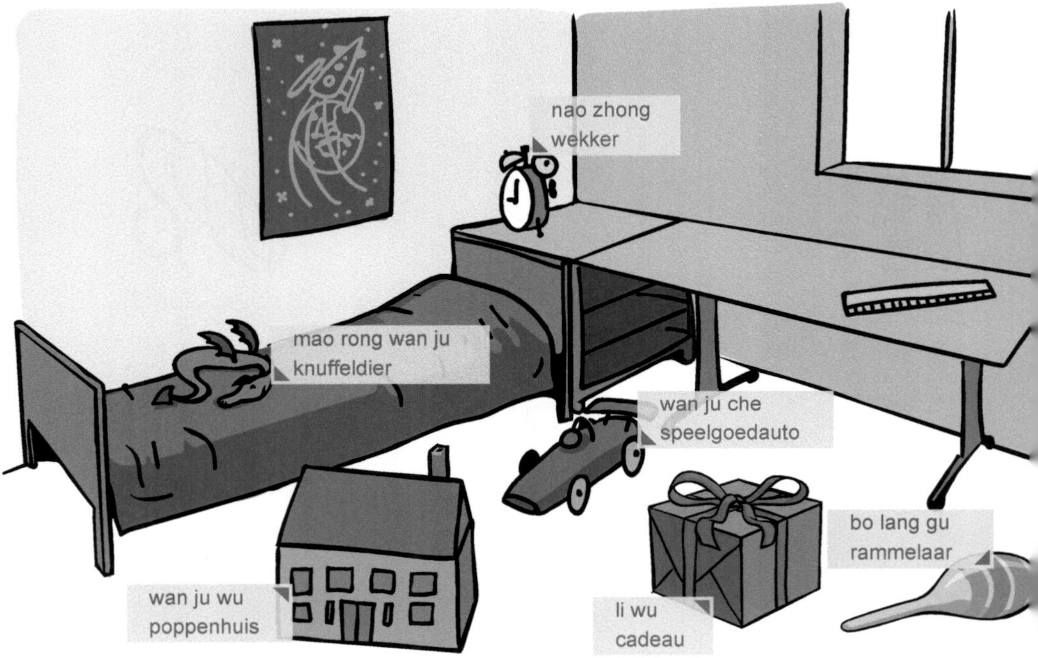
nao zhong
wekker
mao rong wan ju
knuffeldier
wan ju che
speelgoedauto
bo lang gu
rammelaar
wan ju wu
poppenhuis
li wu
cadeau

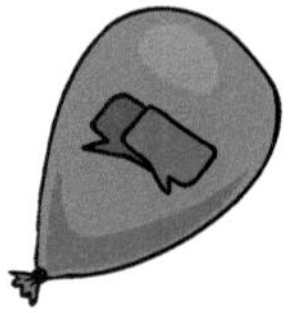

qi qiu

ballon

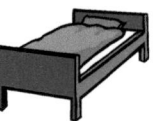

chuang

bed

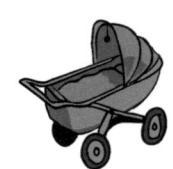

(yang wa wa yong)ying er che

kinderwagen

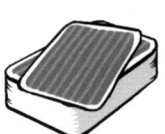

pu ke pai

kaartspel

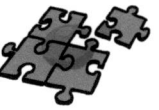

pin tu

puzzel

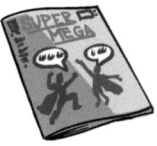

man hua

stripverhaal

le gao ji mu

legostenen

ji mu wan ju

speelgoedblokken

wan ju ren

actiefiguurtje

ying er fu

romper

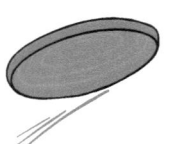

fei pan

frisbee

chuang ling wan ju

mobile

qi pan you xi

bordspel

shai zi

dobbelsteen

huo che mo xing

modeltrein

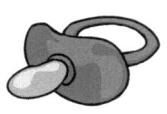

an fu nai zui

speen

ju hui

feestje

hui ben

prentenboek

qiu

bal

yang wa wa

pop

wan

spelen

sha keng

zandbak

qiu qian

schommel

wan ju

speelgoed

you xi ji

spelcomputer

san lun che

driewieler

tai di xiong

teddybeer

yi chu

kleerkast

yi fu
kleding

wa zi

sokken

chang wa

kousen

jin shen ku

panty

wei jin
sjaal

yu san
paraplu

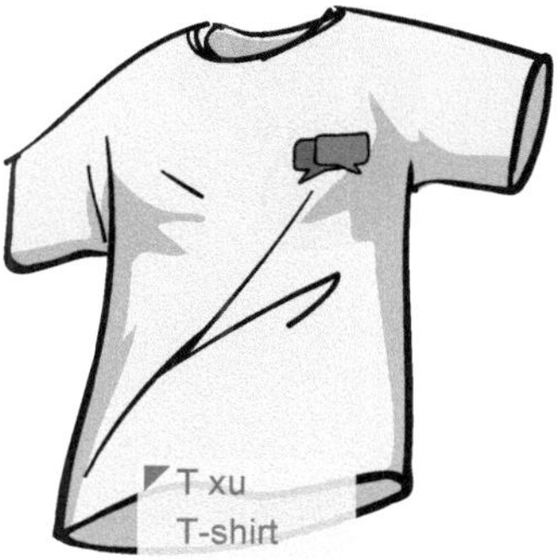

T xu
T-shirt

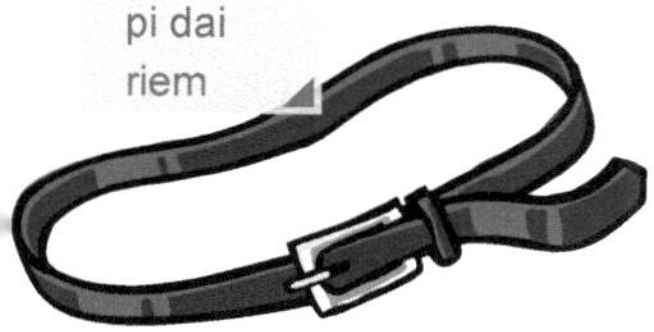

pi dai
riem

xue zi
laarzen

tuo xie
pantoffels

yun dong xie
sportschoenen

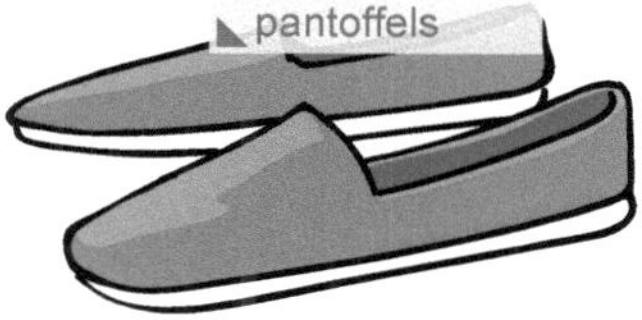

liang xie

sandalen

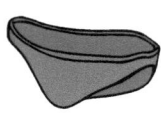

xie

schoenen

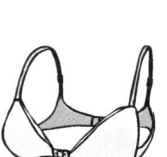

yu xue

rubberlaarzen

nei ku

onderbroek

xiong zhao

beha

bei xin

onderhemd

shen ti

body

ku zi

broek

niu zai ku

spijkerbroek

duan qun

rok

nü shi chen shan

blouse

chen shan

overhemd

tao tou shan

trui

wei yi

hoody

xi zhuang jia ke

blazer

jia ke

jas

wai tao

mantel

yu yi

regenjas

tao zhuang

kostuum

lian yi qun

jurk

hun sha

trouwjurk

xi zhuang

pak

shui pao

nachthemd

shui yi

pyjama

sha li

sari

tou jin

hoofddoek

bao tou jin

tulband

bo ka

boerka

ka fu tan

kaftan

(a la bo shi)chang pao

abaja

yong yi

zwempak

nan shi yong ku

zwembroek

duan ku

korte broek

yun dong fu

trainingspak

wei qun

schort

shou tao

handschoenen

niu kou

knoop

yan jing

bril

shou lian

armband

xiang lian

ketting

jie zhi

ring

er huan

oorbel

bian mao

pet

yi jia

kledinghanger

mao zi

hoed

ling dai

stropdas

la lian

rits

tou kui

helm

bei dai

bretels

xiao fu

schooluniform

zhi fu

uniform

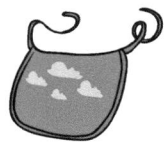

wei dou

slabbetje

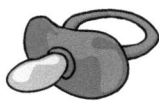

an fu nai zui

speen

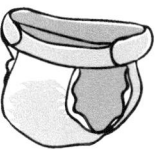

niao bu shi

luier

ban gong shi

kantoor

fu wu qi
server
wen jian gui
archiefkast
da yin ji
printer
zhi
papier
xian shi ping
beeldscherm
shu biao
muis
ban gong zhuo
bureau
wen jian jia
map
jian pan
toetsenbord
fei zhi kuang
prullenmand
dian nao
computer
yi zi
stoel

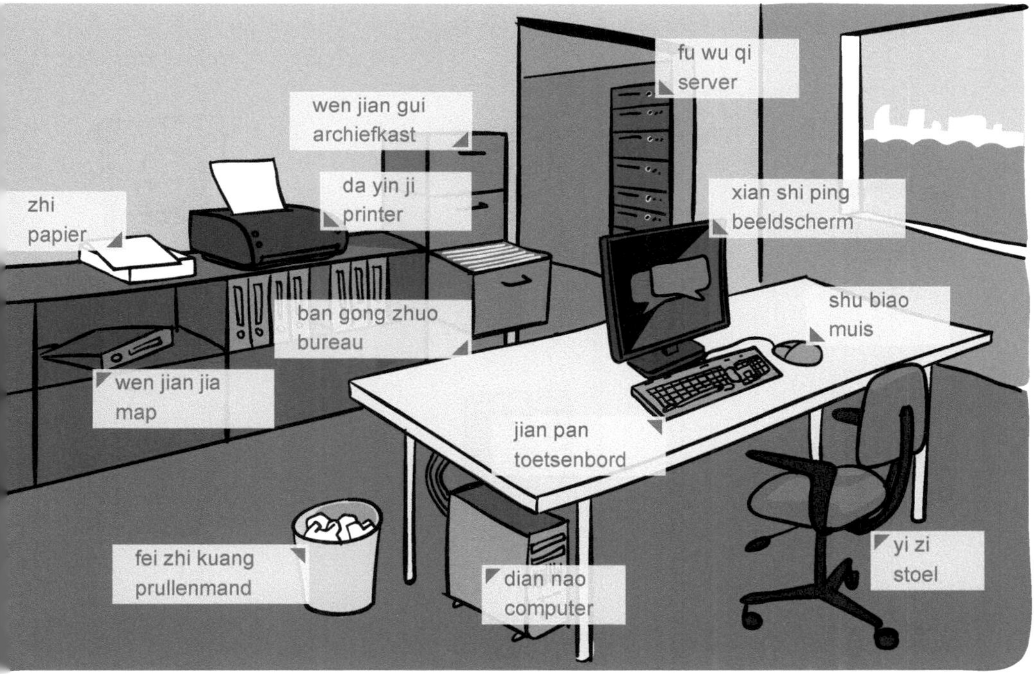

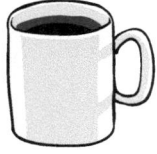

ka fei bei

koffiemok

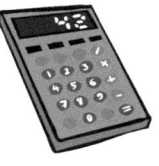

ji suan qi

rekenmachine

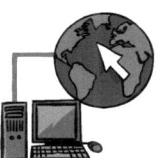

yin te wang

internet

bi ji ben dian nao

laptop

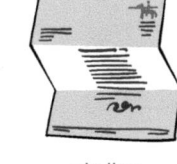

xin jian

brief

xiao xi

bericht

shou ji

mobiele telefoon

wang luo

netwerk

fu yin ji

kopieermachine

ruan jian

software

dian hua

telefoon

cha zuo

stopcontact

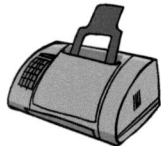

chuan zhen ji

fax

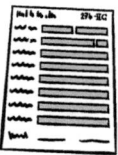

biao ge

formulier

wen jian

document

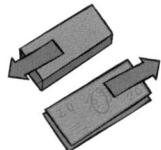

mai

kopen

fu qian

betalen

jiao yi

handel drijven

xian jin

geld

mei yuan

dollar

ou yuan

euro

ri yuan

yen

lu bu

roebel

rui shi fa lang

Zwitserse frank

ren min bi

renminbi yuan

lu bi

roepie

ti kuan chu

geldautomaat

wai bi dui huan chu

wisselkantoor

jin

goud

yin

zilver

shi you

olie

neng yuan

energie

jia ge

prijs

he tong

contract

shui jin

belasting

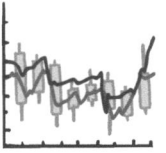

gu piao

aandeel

gong zuo

werken

zhi yuan

werknemer

lao ban

werkgever

gong chang

fabriek

shang dian

winkel

zhi ye
beroepen

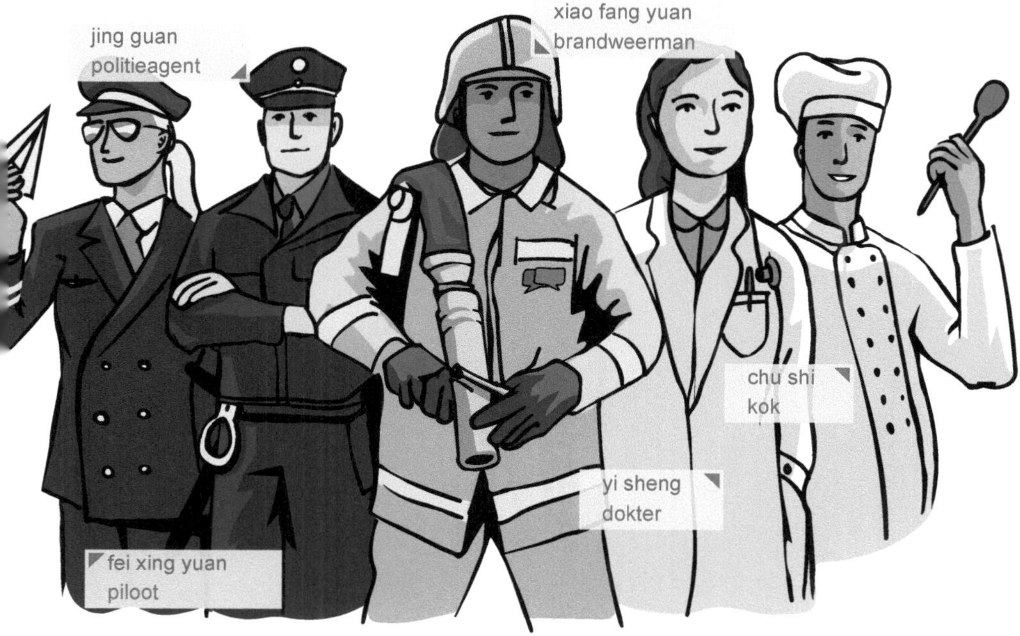

jing guan
politieagent
xiao fang yuan
brandweerman
chu shi
kok
yi sheng
dokter
fei xing yuan
piloot

yuan ding

tuinman

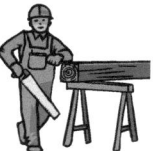

mu jiang

timmerman

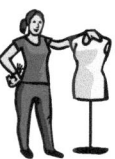

cai feng

naaister

fa guan

rechter

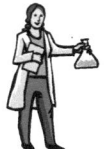

hua xue jia

scheikundige

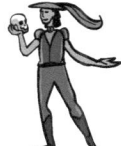

yan yuan

toneelspeler

gong jiao che si ji

buschauffeur

qing jie nü gong

schoonmaakster

lie ren

jager

dian gong

elektricien

tu fu

slager

chu zu che si ji

taxichauffeur

wu ding gong

dakdekker

hua jia

schilder

jian zhu gong ren

bouwvakker

shui guan gong

loodgieter

yu fu

visser

fu wu yuan

ober

mian bao shi

bakker

gong cheng shi

ingenieur

you di yuan

postbode

shi bing

soldaat

jian zhu shi

architect

shou yin yuan

kassier

hua nong

bloemist

li fa shi

kapper

shou piao yuan

conducteur

ji xie shi

monteur

chuan zhang

kapitein

ya yi

tandarts

ke xue jia

wetenschapper

la bi

rabbi

yi ma mu

imam

he shang

monnik

mu shi

pastoor

gong ju
gereedschap

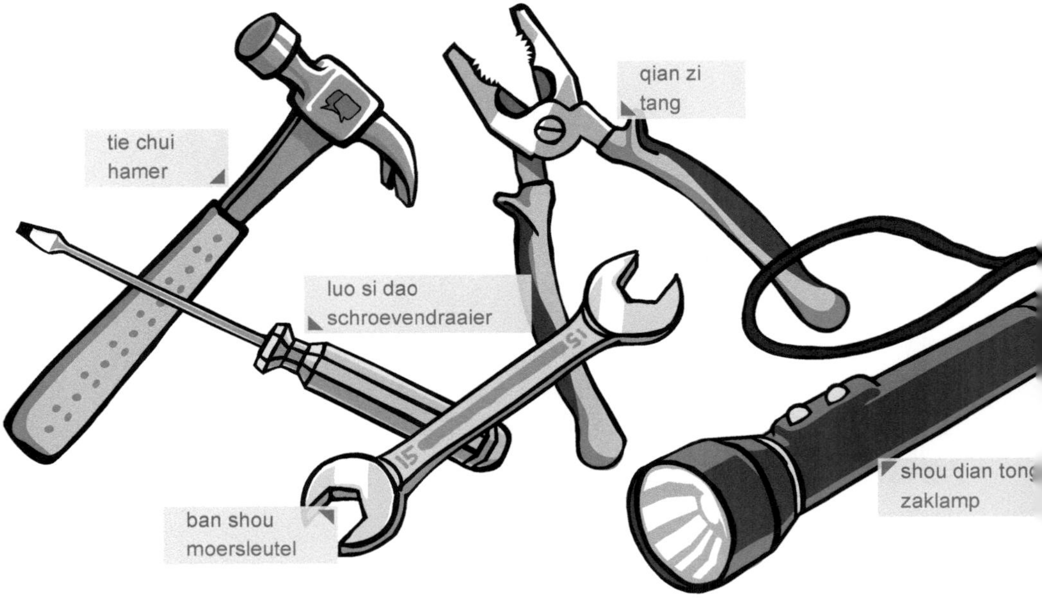
qian zi
tang
tie chui
hamer
luo si dao
schroevendraaier
shou dian tong
zaklamp
ban shou
moersleutel

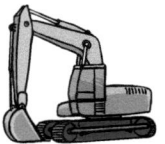

wa jue ji

graafmachine

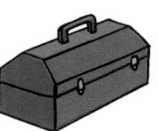

gong ju xiang

gereedschapskist

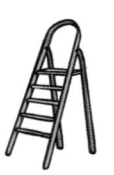

ti zi

ladder

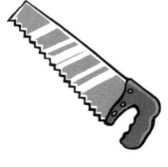

ju zi

zaag

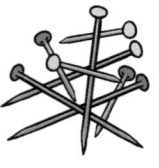

ding zi

spijkers

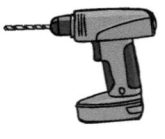

zuan ji

boor

xiu
....
repareren

chan zi
....
schep

kao!
....
Verdorie!

bo ji
....
stofblik

you qi tong
....
verfpot

luo si
....
schroeven

yue qi

muziekinstrumenten

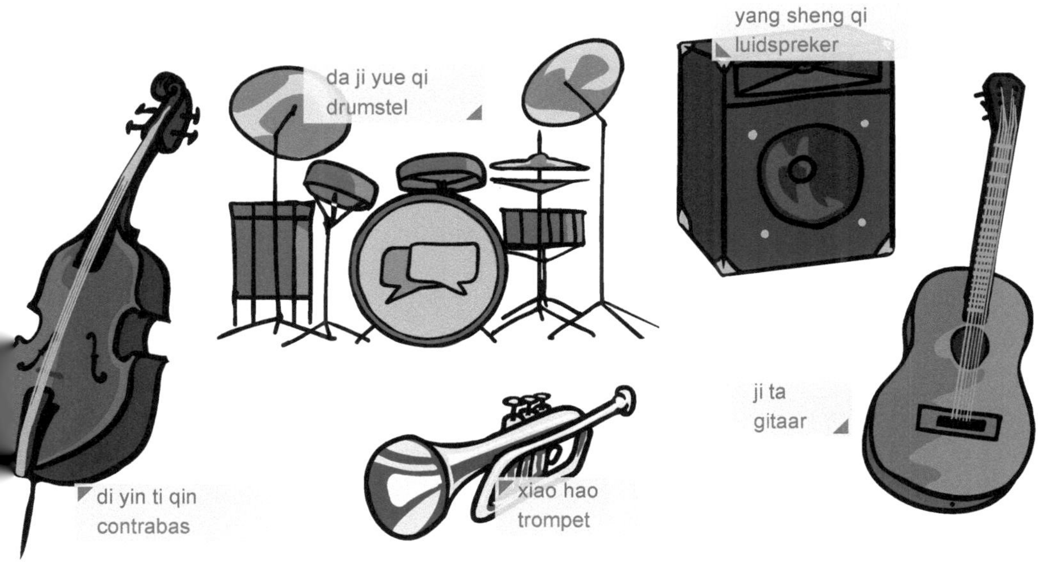

yang sheng qi
luidspreker

da ji yue qi
drumstel

ji ta
gitaar

di yin ti qin
contrabas

xiao hao
trompet

gang qin

piano

xiao ti qin

viool

bei si

bas

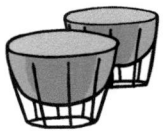

ding yin gu

pauk

gu

trommel

dian zi qin

keyboard

sa ke si guan

saxofoon

chang di

fluit

mai ke feng

microfoon

dong wu yuan
dierentuin

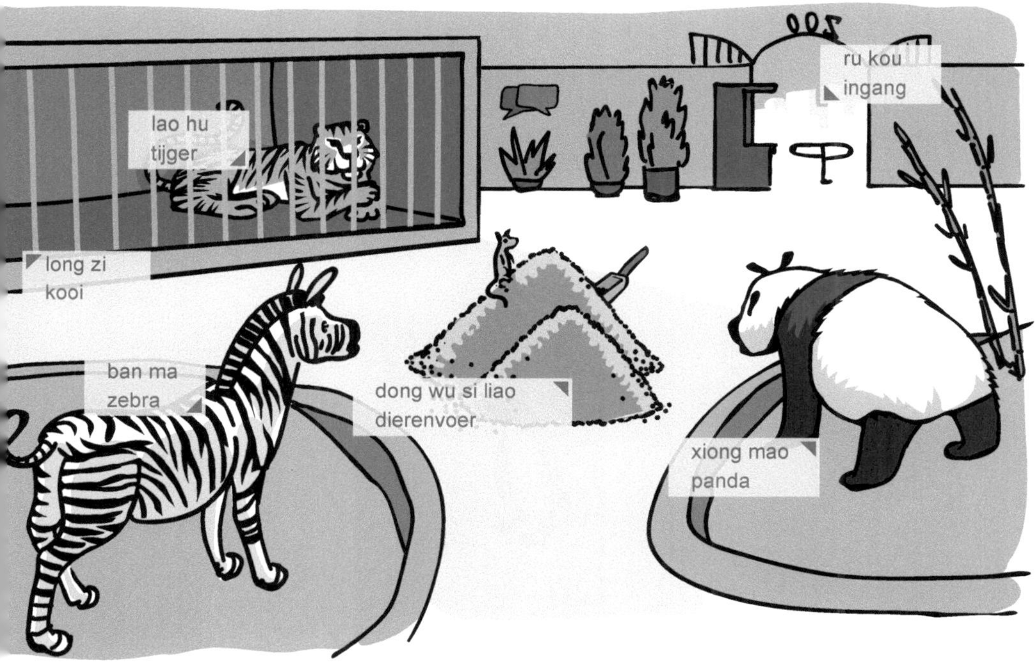
zoo
ru kou
ingang
lao hu
tijger
long zi
kooi
ban ma
zebra
dong wu si liao
dierenvoer
xiong mao
panda

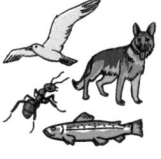

dong wu

dieren

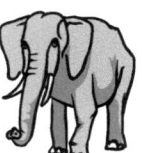

da xiang

olifant

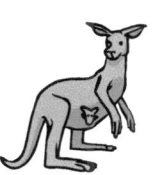

dai shu

kangoeroe

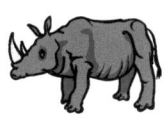

xi niu

neushoorn

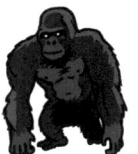

da xing xing

gorilla

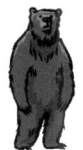

xiong

beer

luo tuo

kameel

tuo niao

struisvogel

shi zi

leeuw

hou zi

aap

huo lie niao

flamingo

ying wu

papegaai

bei ji xiong

ijsbeer

qi e

pinguïn

sha yu

haai

kong que

pauw

she

slang

e yu

krokodil

dong wu yuan guan li yuan

dierenverzorger

hai bao

zeehond

mei zhou bao

jaguar

ai zhong ma

pony

bao

luipaard

he ma

nijlpaard

chang jing lu

giraffe

lao ying

adelaar

ye zhu

wild zwijn

yu

vis

gui

schildpad

hai xiang

walrus

hu li

vos

ling yang

gazelle

gan lan qiu
American football

qi zi xing che
wielrennen

wang qiu
tennis

lan qiu
basketbal

you yong
zwemmen

quan ji
boksen

bing qiu
ijshockey

ying shi zu qiu

voetbal

yu mao qiu

badminton

tian jing

atletiek

shou qiu

handbal

hua xue

skiën

ma qiu

polo

huo dong
activiteiten

xiao
lachen
tiao
springen
yong bao
knuffelen
zou lu
lopen
chang
zingen
zuo meng
dromen
qi dao
bidden
qin wen
kussen

A

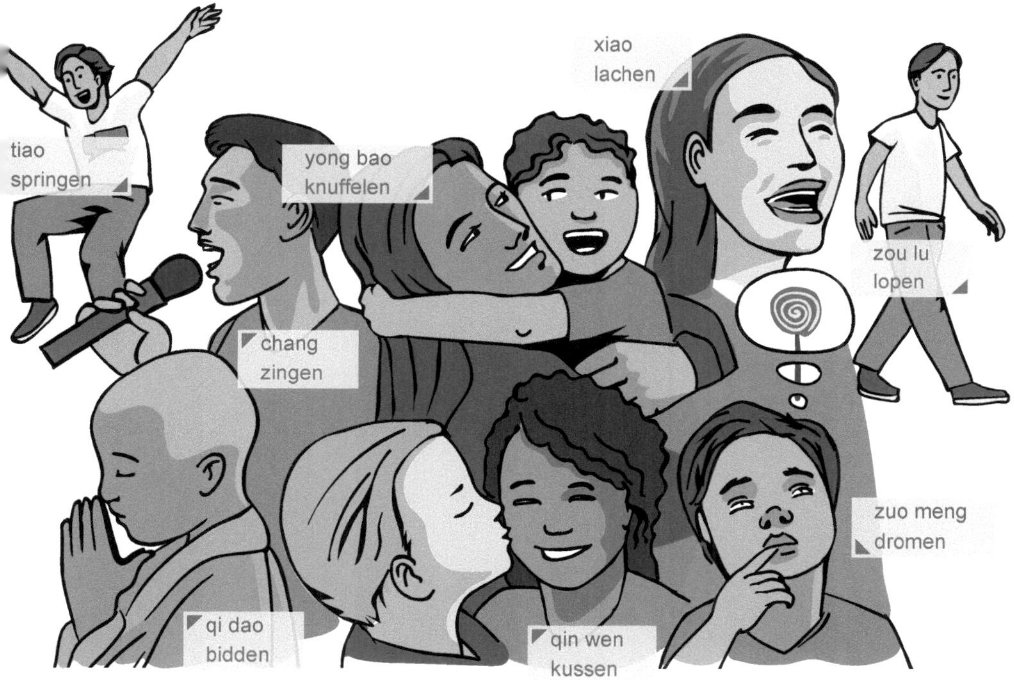

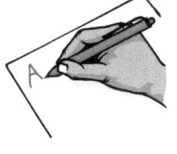

shu xie

schrijven

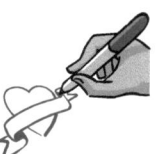

hua

tekenen

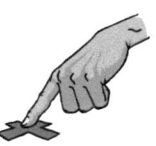

zhan shi

tonen

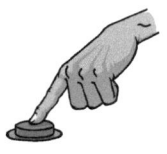

tui

duwen

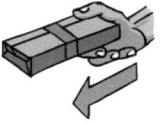

gei

geven

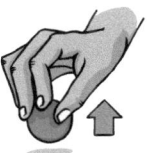

na

oppakken

you
hebben

zuo
doen

dang
zijn

zhan
staan

pao
rennen

la
trekken

reng
gooien

shuai dao
vallen

tang
liggen

deng dai
wachten

xie dai
dragen

zuo
zitten

chuan yi
aankleden

shui jiao
slapen

xing lai
wakker worden

kan

bekijken

ku

huilen

fu mo

strelen

shu tou

kammen

jiao tan

praten

ming bai

begrijpen

wen

vragen

ting

horen

he

drinken

chi

eten

qing li

opruimen

ai

houden van

zuo fan

koken

kai che

rijden

fei

vliegen

hang xing

zeilen

ji suan

rekenen

du

lezen

xue xi

leren

gong zuo

werken

jie hun

trouwen

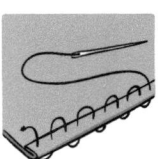

feng

naaien

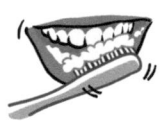

shua ya

tandenpoetsen

sha

doden

chou yan

roken

ji

verzenden

jia

familie

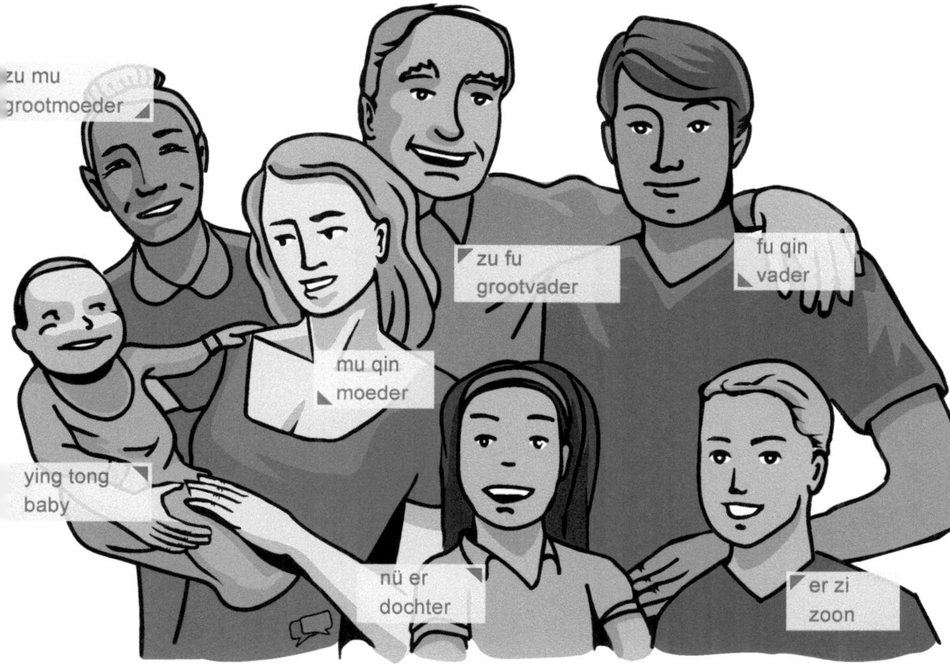
zu mu
grootmoeder
zu fu
grootvader
fu qin
vader
mu qin
moeder
ying tong
baby
nü er
dochter
er zi
zoon

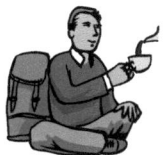

ke ren

gast

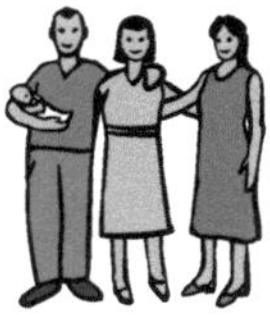

a yi

tante

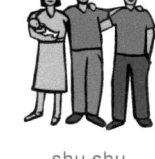

shu shu

oom

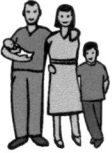

xiong di

broer

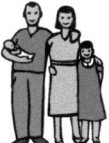

jie mei

zus

shen ti
lichaam

qian e
voorhoofd
yan jing
oog
jian bang
schouder
shou zhi
vinger
lian
gezicht
xia ba
kin
shou
hand
tui
been
ru fang
borst
shou bi
arm

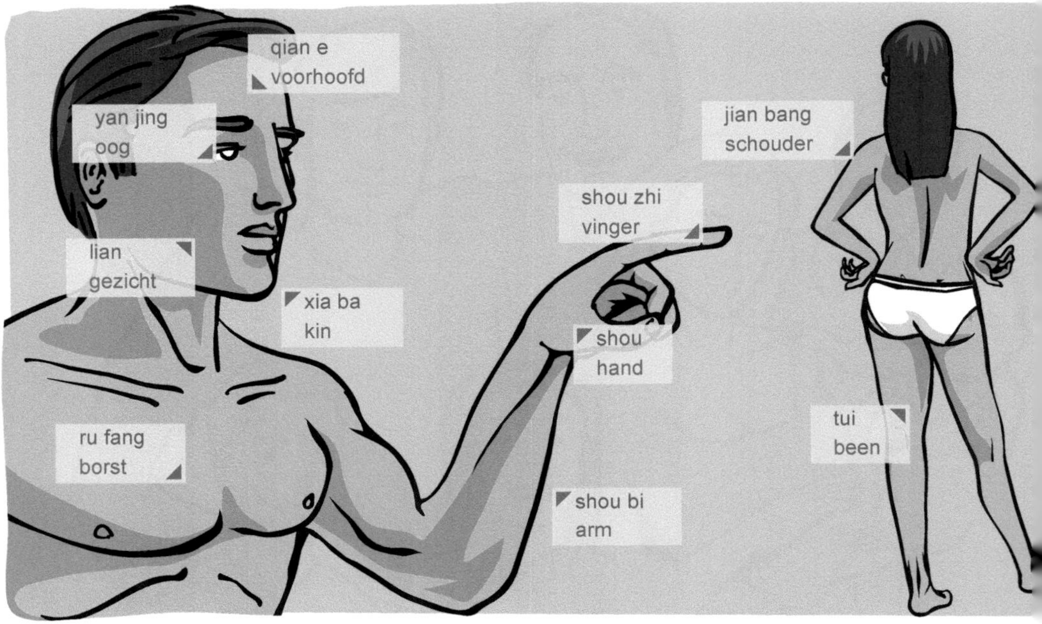

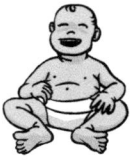

ying tong

baby

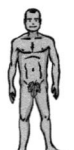

nan ren

man

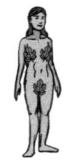

nü ren

vrouw

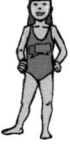

nü hai

meisje

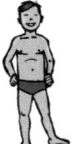

nan hai

jongen

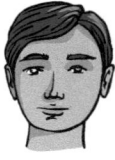

tou

hoofd

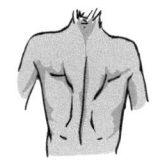

bei bu

rug

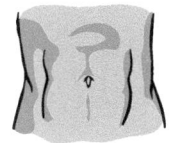

du zi

buik

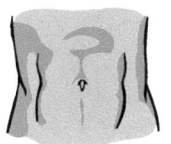

du qi

navel

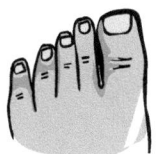

jiao zhi

teen

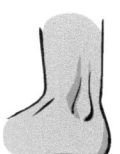

jiao hou gen

hiel

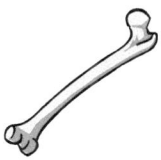

gu tou

bot

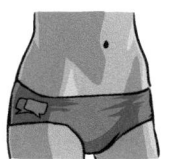

tun bu

heup

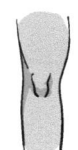

xi gai

knie

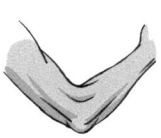

shou zhou

elleboog

bi zi

neus

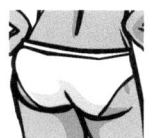

pi gu

achterwerk

pi fu

huid

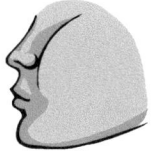

lian jia

wang

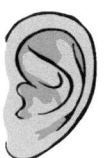

er duo

oor

zui chun

lippen

zui

mond

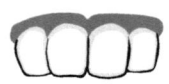

ya chi

tand

she tou

tong

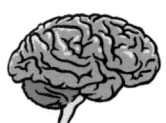

nao

hersenen

xin zang

hart

ji rou

spier

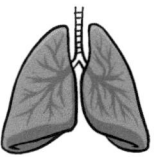

fei

long

gan zang

lever

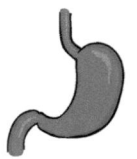

wei

maag

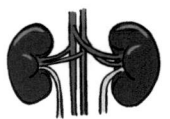

shen zang

nieren

xing jiao

geslachtsgemeenschap

bi yun tao

condoom

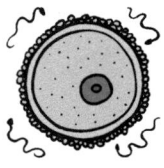

luan zi

eicel

jing zi

sperma

huai yun

zwangerschap

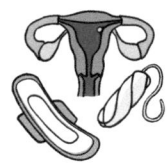

yue jing

menstruatie

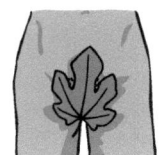

yin dao

vagina

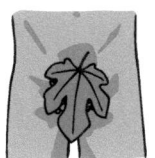

yin jing

penis

mei mao

wenkbrauw

tou fa

haar

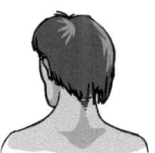

bo zi

hals

yi yuan
ziekenhuis

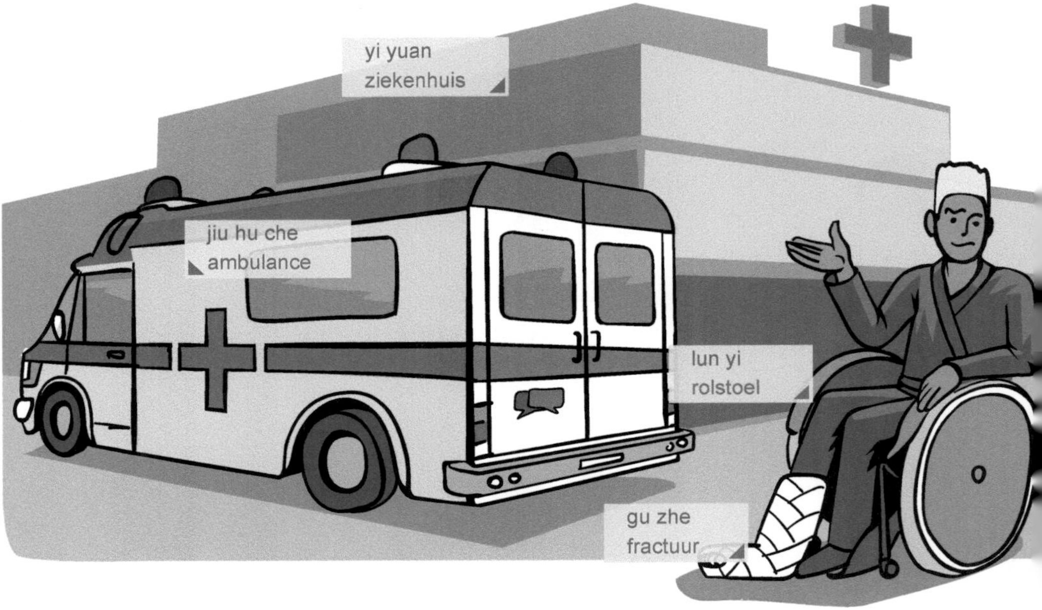

yi yuan
ziekenhuis
jiu hu che
ambulance
lun yi
rolstoel
gu zhe
fractuur

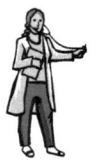

yi sheng

dokter

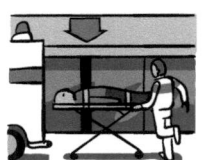

ji zhen shi

EHBO

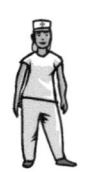

hu shi

verpleegster

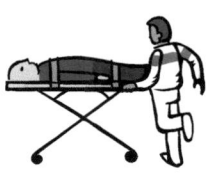

jin ji qing kuang

noodgeval

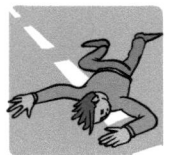

hun mi

bewusteloos

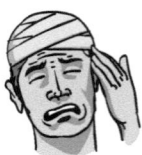

tong

pijn

shou shang

verwonding

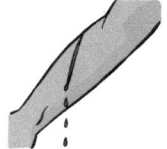

chu xue

bloeding

xin zang bing fa zuo

hartaanval

zhong feng

beroerte

guo min

allergie

ke sou

hoest

fa shao

koorts

liu gan

griep

fu xie

diarree

tou tong

hoofdpijn

ai zheng

kanker

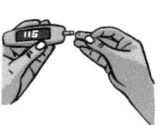

tang niao bing

diabetes

wai ke yi sheng

chirurg

shou shu dao

scalpel

shou shu

operatie

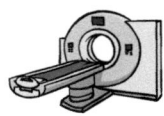

CT

CT

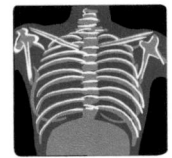

X guang

röntgen

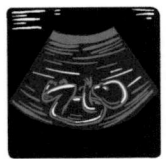

chao sheng bo

echografie

kou zhao

gezichtsmasker

ji bing

ziekte

hou zhen shi

wachtkamer

guai zhang

kruk

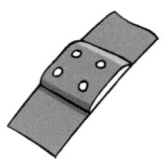

shi gao

pleister

beng dai

verband

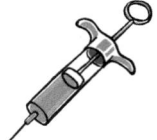

zhu she

injectie

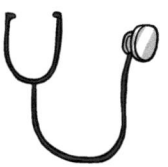

ting zhen qi

stethoscoop

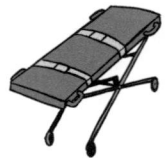

dan jia

brancard

ti wen ji

thermometer

chu sheng

geboorte

chao zhong

overgewicht

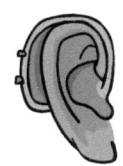

zhu ting qi

gehoorapparaat

xiao du ye

ontsmettingsmiddel

gan ran

infectie

bing du

virus

ai zi bing

HIV / AIDS

yao wu

medicijn

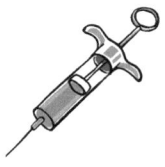

jie zhong yi miao

inenting

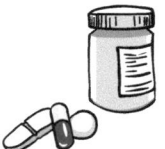

yao pian

tabletten

yao wan

pil

ji jiu dian hua

alarmnummer

xue ya ji

bloeddrukmeter

sheng bing/jian kang

ziek / gezond

jiu ming!

Help!

jing bao

alarm

tu ji

overval

gong ji

aanval

wei xian

gevaar

jin ji chu kou

nooduitgang

zhao huo la!

Brand!

mie huo qi

brandblusser

yi wai

ongeluk

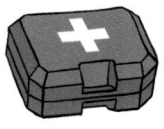

ji jiu xiang

EHBO-koffer

hu jiu xin hao

SOS

jing cha

politie

ou zhou

Europa

bei mei zhou

Noord-Amerika

nan mei zhou

Zuid-Amerika

fei zhou

Afrika

ya zhou

Azië

ao zhou

Australië

da xi yang

Atlantische Oceaan

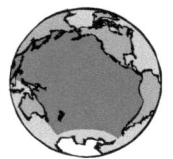

tai ping yang

Stille Oceaan

yin du yang

Indische Oceaan

nan bing yang

Zuidelijke Oceaan

bei bing yang

Noordelijke IJszee

bei ji

Noordpool

nan ji

Zuidpool

nan ji zhou

Antarctica

di qiu

aarde

lu di

land

hai

zee

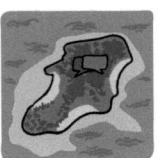

dao

eiland

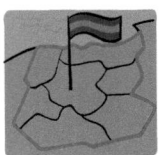

guo jia

natie

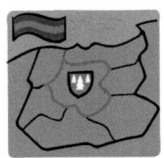

guo jia

staat

zhong mian

wijzerplaat

shi zhen

uurwijzer

fen zhen

minutenwijzer

miao zhen

secondewijzer

xian zai ji dian?

Hoe laat is het?

tian

dag

shi jian

tijd

xian zai

nu

dian zi biao

digitaal horloge

fen

minuut

shi

uur

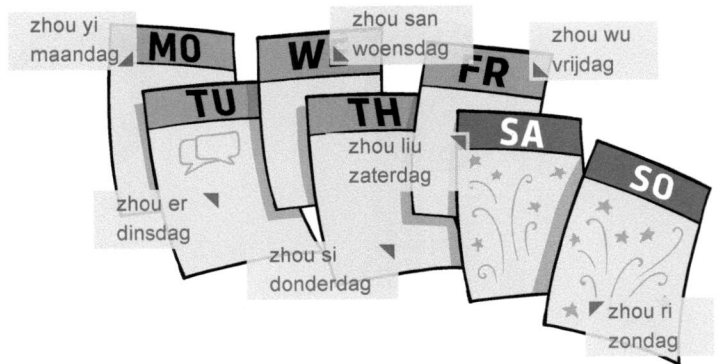

zhou yi — maandag — MO
zhou er — dinsdag — TU
zhou san — woensdag — W
zhou si — donderdag — TH
zhou wu — vrijdag — FR
zhou liu — zaterdag — SA
zhou ri — zondag — SO

zuo tian
gisteren

jin tian
vandaag

ming tian
morgen

zao chen
ochtend

zhong wu
middag

wan shang
avond

MO	TU	WE	TH	FR	SA	SU
1	2	3	4	5	6	7
8	9	10	11	12	13	14
15	16	17	18	19	20	21
22	23	24	25	26	27	28
29	30	31	1	2	3	4

gong zuo ri
werkdagen

MO	TU	WE	TH	FR	SA	SU
1	2	3	4	5	6	7
8	9	10	11	12	13	14
15	16	17	18	19	20	21
22	23	24	25	26	27	28
29	30	31	1	2	3	4

zhou mo
weekend

nian
jaar

yu
regen
cai hong
regenboog
xue
sneeuw
feng
wind
chun
voorjaar
qiu
herfst
xia
zomer
dong
winter

4.APRIL 11°
5.APRIL 4°
6.APRIL 13°
7.APRIL 8°
8.APRIL 10°

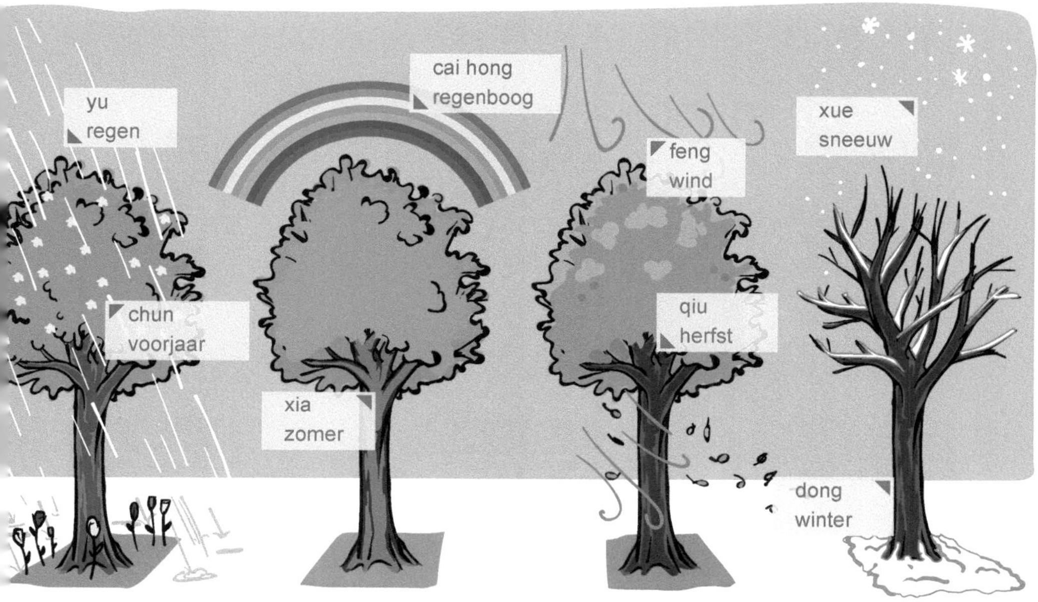

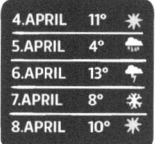

tian qi yu bao

weerbericht

F C
120 40
90 30
60 20
30 10
0 0
-30 -10
-20

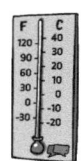

wen du ji

thermometer

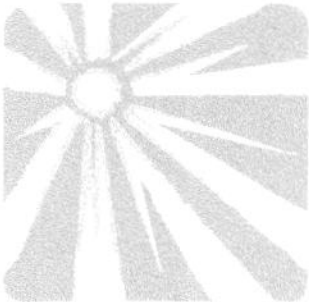

yang guang

zonneschijn

yun

wolk

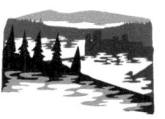

wu

mist

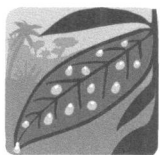

chao shi

luchtvochtigheid

shan dian

bliksem

da lei

donder

feng bao

storm

bing bao

hagel

ji feng

moesson

hong shui

overstroming

bing

ijs

yi yue

januari

er yue

februari

san yue

maart

si yue

april

wu yue

mei

liu yue

juni

qi yue

juli

ba yue

augustus

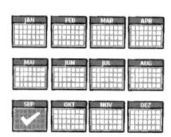

jiu yue
....
september

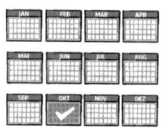

shi yue
....
oktober

shi yi yue
....
november

shi er yue
....
december

yuan xing
....
cirkel

zheng fang xing
....
vierkant

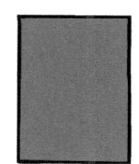

chang fang xing
....
rechthoek

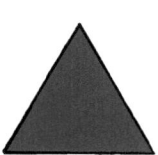

san jiao xing
....
driehoek

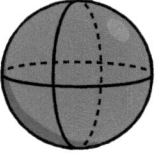

qiu ti
....
bol

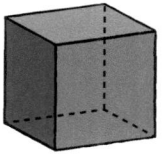

li fang ti
....
kubus

bai

wit

huang

geel

cheng

oranje

fen

roze

hong

rood

zi

paars

lan

blauw

lü

groen

zong

bruin

hui

grijs

hei

zwart

hen duo/shao xu

veel / weinig

sheng qi/ping jing

boos / rustig

mei/chou

mooi / lelijk

shou/wei

begin / einde

da/xiao

groot / klein

ming/an

licht / donker

xiong di/jie mei

broer / zus

gan jing/ang zang

schoon / vies

wan zheng/que shi

volledig / onvolledig

bai tian/wan shang

dag/ nacht

si/sheng

dood / levend

kuan/zhai

breed / smal

ke shi yong/fei shi yong

eetbaar / oneetbaar

xie e/shan liang

gemeen / aardig

xing fen/wu liao

opgewonden / verveeld

pang/shou

dik / dun

di yi/zui hou

eerste / laatste

peng you/di ren

vriend / vijand

man/kong

vol / leeg

ying/ruan

hard / zacht

zhong/qing

zwaar / licht

e/ke

honger / dorst

sheng bing/jian kang

ziek / gezond

fei fa/he fa

illegaal / legaal

cong ming/yu ben

intelligent / dom

zuo/you

links / rechts

jin/yuan

dichtbij / ver

xin/jiu

nieuw / gebruikt

mei you/you xie

niets / iets

lao/you

oud / jong

kai/guan

aan / uit

da kai/he shang

open / gesloten

an jing/chao nao

zacht / luid

fu/qiong

rijk / arm

dui/cuo

goed / fout

cu cao/guang hua

ruw / glad

shang xin/gao xing

verdrietig / gelukkig

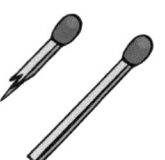

duan/chang

kort / lang

man/kuai

langzaam / snel

shi/gan

nat / droog

wen nuan/liang shuang

warm / koel

zhan zheng/he ping

oorlog / vrede

0

ling

nul

1

yi

één

2

er

twee

3

san

drie

4

si

vier

5

wu

vijf

6

liu

zes

7

qi

zeven

8

ba

acht

9

jiu

negen

10

shi

tien

11

shi yi

elf

12

shi er

twaalf

13

shi san

dertien

14

shi si

veertien

15

shi wu

vijftien

16

shi liu

zestien

17

shi qi

zeventien

18

shi ba

achttien

19

shi jiu

negentien

20

er shi

twintig

100

bai

honderd

1.000

qian

duizend

1.000.000

bai wan

miljoen

ying yu

Engels

mei shi ying yu

Amerikaans Engels

pu tong hua

Chinees Mandarijn

yin di yu

Hindi

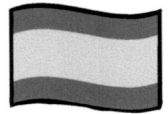

xi ban ya yu

Spaans

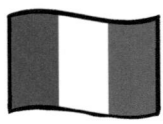

fa yu

Frans

a la bo yu

Arabisch

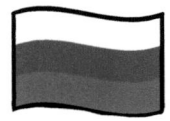

e yu

Russisch

pu tao ya yu

Portugees

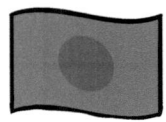

feng jia la yu

Bengalees

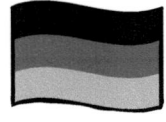

de yu

Duits

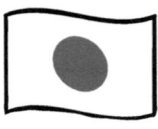

ri yu

Japans

wo

ik

ni

jij

ta/ta/ta

hij / zij / het

wo men

wij

ni men

jullie

ta men

zij

shei?

wie?

shen me?

wat?

zen yang?

hoe?

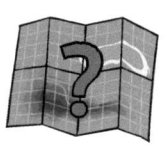

na li?

waar?

shen me shi hou?

wanneer?

ming zi

naam

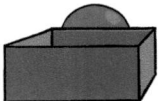

hou mian
....
achter

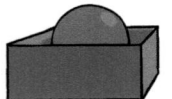

li mian
....
in

qian mian
....
voor

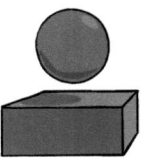

shang fang
....
boven

shang mian
....
op

xia mian
....
onder

pang bian
....
naast

zhong jian
....
tussen

di dian
....
plaats